# FRISCH gepresste SÄFTE

**Über die Autorin**

Diana Pyter arbeitet seit mehr als 25 Jahren als Journalistin und beschäftigt sich seit vielen Jahren mit gesunder Ernährung und einer bewussten Lebensweise. Ihr Wissen und ihre positiven Erfahrungen mit frisch gepressten Säften und nährstoffreicher Ernährung gibt sie über ihre Firma HAPPY VITA im bayerischen Augsburg weiter, die sie gemeinsam mit ihrem Mann gründete.
www.happy-vita.de

**Texte**

Einleitung und Rezepte: Diana Pyter

**Fotos**

Fotolia.com: S. 6 (© Yuriy Shevtsov), S. 10 (© Konstantin Yuganov), S. 12 (© Wolfilser),
© Mauro Rodrigues (Heftklammer)
Alle übrigen Fotos: Diana Pyter

**Illustrationen**

Verlagsarchiv

**Wichtiger Hinweis**

Alle Angaben, Ratschläge und Tipps in diesem Buch wurden nach dem aktuellen Wissensstand sorgfältig erarbeitet. Dennoch erfolgen alle Angaben ohne Gewähr. Verlag und Autoren haften nicht für eventuelle Nachteile und Schäden, die aus den im Buch gemachten praktischen Hinweisen resultieren. Die in diesem Buch enthaltenen Ratschläge ersetzen nicht die Untersuchung und Betreuung durch einen Arzt.

# FRISCH gepresste SÄFTE

# INHALT

## oder der Weg zum Frischekick

# VORWORT

Fühlen Sie sich oft schlapp, müde, antriebslos oder ausgelaugt? Oder möchten Sie einen schöneren Teint und eine frischere Ausstrahlung? Dann könnten frisch gepresste Frucht- und Gemüsesäfte der Schlüssel zum Erfolg sein. Die leckeren Powerdrinks stecken voller wertvoller Inhaltsstoffe, mit denen sie die Zellen schnell und unkompliziert versorgen. Kurz: Frucht- und Gemüsesäfte aus dem Entsafter fördern Gesundheit und Schönheit auf natürliche Weise, vor allem, wenn sie frisch zubereitet sind.

Säfte sind längst keine langweiligen Drinks aus der Zitruspresse mehr, sondern geballte, fruchtig-frische Pflanzenpower mit tausend Möglichkeiten. Sie sind für jedermann eine große Bereicherung und ein wichtiger Beitrag für eine ausgewogene Ernährung. In Minutenschnelle sind sie verdaut und der Körper kann sie ruck, zuck in Energie verwandeln. Säfte aus frischem und knackigem Obst, jungem Blattgemüse, aromatischen Kräutern sowie nährstoffreichem Gemüse schmecken einfach köstlich und begeistern aufgrund ihrer herrlich bunten Regenbogenfarben.

Mit diesem Buch möchte ich Ihnen Lust auf frisch gepresste Säfte machen. Sie erfahren, wie man leckere Saftmischungen zaubert, welcher Entsafter sich am besten eignet und wie Frucht- und Gemüsesäfte Gesundheit und Schönheit positiv unterstützen. Außerdem finden Sie auf S. 13 einen Plan für einen Safttag sowie eine Mini-Saftkur über 3 Tage.

Ich wünsche viel Spaß beim Entdecken und dem Genuss der frisch gepressten Frucht- und Gemüsesäfte!

Diana Pyter

## WARUM FRISCH GEPRESSTE SÄFTE TRINKEN?

Jeder kennt die wichtigste Regel für gesundes Essen, für ein starkes Immunsystem und für Wohlbefinden von Körper, Geist und Seele: viel Obst und Gemüse. Wer täglich 5 Portionen Obst und Gemüse auf dem Speiseplan stehen hat, tut viel für Gesundheit, Fitness und Leistungsfähigkeit. Obst und Gemüse schmecken nicht nur gut, sie sind vor allem reich an Vitaminen, Mineral- und Ballaststoffen, Spurenelementen und sekundären Pflanzenstoffen wie z.B. Flavonoiden, Carotinoiden, Glycosinolaten und Sulfiden. Sie haben außerdem eine besonders hohe Nährstoffdichte bei geringer Energiedichte, d.h. sie sind kalorienarm, sättigen aber gut aufgrund ihres Volumens. So kann man auf einfache Art und Weise sein Gewicht halten bzw. reduzieren und Folgeerkrankungen vermeiden.

Sowohl ein Erwachsener als auch ein Kind sollten 5 Handvoll Obst und Gemüse am Tag verzehren. Die Größe der Hände passt sich dabei als einfaches Maß automatisch den Bedürfnissen von Kindern und Erwachsenen an. 3 Portionen bzw. 3 Handvoll sollten dabei jeweils Gemüse oder Salate sein, 2 Portionen bzw. 2 Handvoll jeweils Obst.

Eine praktische Umsetzung dieser Empfehlung ist leichter, als man denkt. So kann eine Portion Obst und eine Portion Gemüse auch problemlos durch jeweils ein Glas Saft ersetzt werden. Und wenn die Säfte noch dazu frisch gepresst und dann direkt getrunken werden, hat man bereits einen großen Beitrag für seine Gesundheit und sein Wohlbefinden geleistet.

Generell sollte man sich bei der Zubereitung von Säften auf sein Gefühl verlassen. Auf welche Obst- und Gemüsesorten hat man gerade besonders Lust? Schließlich sollen die Säfte schmecken und man sollte sie gerne trinken. In

Säfte kann man aber auch wunderbar Obst- und Gemüsesorten integrieren, die man sonst nicht so gerne mag, die aber positive Auswirkung auf die Gesundheit haben. Mischen Sie dazu einfach etwas mehr von Ihrem Lieblingsobst oder -gemüse mit weniger bevorzugten Sorten. So gibt es auch für den größten Obst- und Gemüsemuffel keine Ausreden mehr!

**Früchte-Saison-Kalender**

| | Jan. | Feb. | März | April | Mai | Juni | Juli | Aug. | Sep. | Okt. | Nov. | Dez. |
|---|---|---|---|---|---|---|---|---|---|---|---|---|
| Äpfel | | | | | | ○ | ○ | ● | ● | ● | ● | |
| Aprikosen | | | | | | ○ | ● | ● | | | | |
| Birnen | | | | | | | ○ | ● | ● | ● | ● | |
| Brombeeren | | | | | | | ○ | ● | ● | ○ | | |
| Erdbeeren | | | | | ● | ● | ● | ○ | ○ | | | |
| Himbeeren | | | | | ○ | ● | ● | ● | ● | | | |
| Johannisbeeren | | | | | | ○ | ● | ● | ○ | | | |
| Kirschen | | | | | | ● | ● | ● | | | | |
| Nektarinen | | | | | | ● | ● | ● | ○ | | | |
| Nüsse | | | | | | | ○ | ○ | ● | ● | ● | ○ |
| Pfirsiche | | | | | | | ● | ● | ● | | | |
| Pflaumen | | | | | | | ● | ● | ● | | | |
| Weintrauben | | | | | | | | ○ | ● | ● | | |
| Zwetschgen | | | | | | | ● | ● | ● | | | |

● Haupterntezeit ○ Vor- bzw. Nachsaison

## Gemüse-und-Salat-Saison-Kalender

| | Jan. | Feb. | März | April | Mai | Juni | Juli | Aug. | Sep. | Okt. | Nov. | Dez. |
|---|---|---|---|---|---|---|---|---|---|---|---|---|
| Fenchel | ○ | ○ | ○ | ○ | | | | ● | ● | ● | ● | ○ |
| Grünkohl | ● | ● | ○ | ○ | | | | | | ○ | ● | ● |
| Gurken | | | | ○ | ○ | ● | ● | ● | ● | ● | ○ | |
| Karotten | ○ | ○ | ○ | ○ | ○ | ● | ● | ● | ● | ● | ● | ● |
| Löwenzahn | | | ● | ● | ○ | | | | | | | |
| Mangold | | | | | ○ | ● | ● | ● | ● | ○ | | |
| Paprikaschoten | ○ | ○ | ○ | ○ | ○ | ● | ● | ● | ● | ● | ○ | ○ |
| Radieschen | ○ | ○ | ○ | ○ | ● | ● | ● | ● | ● | ○ | ○ | ○ |
| Rettich | ○ | ○ | ○ | ○ | ● | ● | ● | ● | ● | ○ | ○ | ○ |
| Rote Bete | ● | ● | ○ | ○ | ○ | ○ | ○ | ○ | ● | ● | ● | ● |
| Rucola | | | | ○ | ● | ● | ● | ● | ● | ○ | | |
| Sellerie (Knolle) | ● | ● | ● | ○ | ○ | ○ | ○ | ○ | ● | ● | ● | ● |
| Sellerie (Staude) | ○ | ○ | ○ | ○ | ○ | ○ | ● | ● | ● | ● | ○ | ○ |
| Spinat | ○ | ○ | ● | ● | ● | ○ | ○ | ○ | ● | ● | ○ | ○ |
| Tomaten | ○ | ○ | ○ | ○ | ○ | ○ | ● | ● | ● | ● | ○ | ○ |
| Weißkohl | ○ | ○ | ○ | ● | ○ | ○ | ○ | ○ | ● | ● | ● | ○ |

● Haupterntezeit ○ Vor- bzw. Nachsaison

## WELCHE OBST- UND GEMÜSESORTEN EIGNEN SICH AM BESTEN ZUM ENTSAFTEN?

Generell kann man alle Obst- und Gemüsesorten entsaften. Allerdings eignen sich manche besser und andere weniger gut. Idealerweise verarbeitet man frische Ware und nicht Obst und Gemüse, das schon viele Tage oder Wochen alt ist. Ein knackiger Apfel ergibt einen schönen Saft, während die alte, schrumpelige Variante eher nicht mehr allzu viel Flüssiges produziert. Empfehlenswert ist es, Obst- und Gemüsesorten der Saison zu verarbeiten, denn diese Früchte bieten in der Regel den höchsten Nährstoffgehalt.

Weiche Sorten wie Avocados und Bananen sind für einen Entsafter allerdings weniger geeignet. Wer sie jedoch aufgrund des Geschmacks und der Nährstoffe in seinen Säften haben möchte, kann sie natürlich auch mitpressen.

**Sehr gut geeignet:** Orange, Apfel, Birne, Traube, Maracuja, Granatapfel, Zitrone, Limette, Ananas, Melone, Kiwi, Grapefruit, Karotte, Rote Bete, Sellerie, Kohl, Salat, Spinat, Tomate, Paprika, Gurke, Radieschen

**Geeignet:** Papaya, Mango, Beeren, Gräser, Kräuter

**Weniger geeignet:** Banane, Avocado, überreife und sehr weiche Früchte

## VORTEILE VON FRISCH GEPRESSTEN SÄFTEN IM ÜBERBLICK

Ein starkes **Immunsystem** schützt den Organismus vor äußerlichen Einwirkungen. Die Fülle an Vitaminen, Mineral- und Ballaststoffen, Spurenelementen und sekundären Pflanzenstoffen in frisch gepressten Säften unterstützt bestmöglich die körpereigene Widerstandskraft.

Frisch gepresste Säfte können die **Verdauung** unterstützen. Gerade morgens, wenn der Hunger noch nicht so groß ist, kann man sich mit einem Glas Saft nicht nur etwas Gutes tun, sondern auch die Darmtätigkeit ankurbeln.

Wer viel schwitzt, verliert über den Schweiß jede Menge Mineralstoffe. Frisch gepresste Säfte sorgen auf natürliche Weise nach dem Sport für einen **Elektrolytausgleich** und schmecken dabei sehr erfrischend (z.B. Wassermelone mit Minze).

Da frisch gepresste Säfte eine sehr kurze Verdauungszeit haben, versorgen sie den Körper schnell mit Nährstoffen. Ob morgens oder nachmittags – sie sind echte **Wachmacher** ganz ohne Koffein und können zu jeder Tageszeit einen ordentlichen **Energiekick** geben.

Frisch gepresste Säfte sind bestens geeignet für eine **Saftkur**, da sie wenig Verdauungsarbeit erfordern, aber auf der anderen Seite viele Nährstoffe liefern. Man kann z.B. 3- bzw. 5-tägige Saftkuren machen oder einmal pro Woche einen Safttag integrieren.

Wahre Schönheit kommt von innen – und mit der richtigen Ernährung und viel Obst und Gemüse kann man seine Vitalität, Gesundheit und Ausstrahlung bedeutend steigern. Frisch gepresste Säfte wirken daher wie ein **Beauty-Elixier** und sind echte **Anti-Aging-Spezialisten**!

## WELCHER ENTSAFTER EIGNET SICH AM BESTEN?

Es gibt zwei Hauptarten von Entsaftern, mit denen man frisch gepresste Säfte herstellen kann: Zentrifugalentsafter und Slow Juicer (oder Kaltpress-Entsafter).

Zentrifugalentsafter schleudern mit einer hohen Umdrehungszahl den Saft aus den Früchten heraus. Sie arbeiten meist mit mehreren tausend Umdrehungen und wirbeln bei diesem Prozess jede Menge Sauerstoff in den Saft. Die Folge allerdings: Der Saft oxidiert sehr schnell, wird braun und trennt sich rasch in flüssige und feste Bestandteile.

Mit einem Slow Juicer oder Kaltpress-Entsafter hingegen werden die Früchte zwar kraftvoll, aber sehr schonend mit einer niedrigen Umdrehungszahl (im besten Fall 40–80 Umdrehungen) ausgepresst und in Saft und Trester bzw. Faserteile getrennt. Sie entwickeln keine Hitze und wirbeln kaum Sauerstoff in den Saft. Daher produzieren Slow Juicer den hochwertigsten Saft mit der höchsten Nährstoffdichte. Man unterscheidet zwischen zwei Methoden – die vertikale und horizontale Arbeitsweise. Bei den horizontalen Kaltpress-Entsaftern ist ein wenig mehr Kraftanstrengung erforderlich, da das Pressgut in den Einfülltrichter gestopft werden muss. Bei vertikal arbeitenden Entsaftern wird das Pressgut ohne Kraftanstrengung eingezogen und von der Press-Schnecke kraftvoll zermalmt. Dieser Entsafter ist somit ein Alleskönner, der das meiste Obst und Gemüse mit guten Ergebnissen pressen kann.

## TIPPS FÜR DIE ZUBEREITUNG VON FRISCH GEPRESSTEN SÄFTEN

- Stets reife Früchte pressen, unreifes Obst oder Gemüse gehören nicht in Säfte

- Obst und Gemüse unter fließendem Wasser und erst kurz vor dem Entsaften reinigen. Mit einer kleinen Bürste kann Sand und Erde gut entfernt werden

- Bei Bioware oder Obst und Gemüse aus dem Eigenanbau kann die Schale mitgepresst werden, da dort besonders viele Nährstoffe stecken (außer bei Früchten mit nicht essbarer Schale wie z.B. Avocado, Papaya, Ananas, Mango, Melone, Banane, Zitrusfrüchte etc.)

- Granatapfel kann in grobe Stücke gebrochen verwendet werden, denn die weiße Haut enthält viele wertvolle Nährstoffe

- Trauben dürfen mit Stiel verwendet werden, ebenso Kräuter

- Von Zitrusfrüchten nur hauchdünn die Schale entfernen

- Kernobst wie Äpfel und Birnen dürfen je nach Belieben mit Kerngehäuse verarbeitet werden. Bei Steinobst muss der harte Kern entfernt werden (z.B. Pfirsich, Kirsch, Aprikose, Mango, Pflaumen)

- Gewürze, Samen, Wildkräuter & Co. liefern ein Plus an Nährstoffen. Diese Booster können entweder mitgepresst oder anschließend in den Saft gerührt werden

- Kräuter und Gräser immer im Wechsel mit feuchteren Obst- und Gemüsesorten verarbeiten. Das erleichtert den Einzug in den Entsafter

- Mandel- und Nussmilch sind die Basis für leckere Fruchtshakes. Dazu weicht man Nüsse oder Mandeln mehrere Stunden in Wasser ein und gibt diese dann mit Wasser in den Entsafter

- Frisch gepresste Säfte sollten am besten sofort getrunken werden. Wenn man sie mitnehmen möchte, sollte man sie luftdicht verschlossen im Kühlschrank aufbewahren und möglichst am gleichen Tag verzehren

## Plan für einen Safttag / Plan für eine 3-tägige Saftkur

Ein Safttag ist ideal zum Energie auftanken. Alle Säfte für einen Safttag lassen sich im Voraus – bevorzugt morgens – produzieren und können in Glasflaschen im Kühlschrank aufbewahrt werden.

### So könnte ein Safttag aussehen:

**Morgens:** Obstsaft wie z.B. Apfel-Orange exotisch, S. 39
**Vormittags:** Grüner Saft wie z.B. Die fantastischen Vier, S. 89
**Mittags:** Saft mit Mandeln oder Nüssen wie z.B. Goldene Milch, S. 103
**Nachmittags:** Grüner Saft wie z.B. Kickstarter, S. 72
**Abends:** Gemüsesaft wie z.B. Gemüse-Allerlei, S. 67

Zusätzlich zu diesen fünf Gläsern Saft sollte man immer ausreichend Wasser trinken.

Für eine mehrtägige Saftkur kann man sich an diesem Tagesplan orientieren und nach Belieben die Säfte laut obigem Schema zusammenstellen.

## WIE VIELE SÄFTE DARF MAN TÄGLICH TRINKEN?

Ein halber Liter Saft ist eine empfehlenswerte Tagesration. Dies entspricht zwei kleinen Gläsern. Wer ein Nährstoffdefizit schnell auffüllen möchte, kann täglich mehrere Gläser Säfte trinken. Hierbei sollte man jedoch nicht so viele reine Obstsäfte trinken und grünes Blattgemüse variieren. Auch spätabends sollte man auf den Konsum von frischen Säften verzichten. Säfte sollten immer vor und nicht nach den Mahlzeiten konsumiert werden. Wenn der Körper damit beschäftigt ist, eine Mahlzeit zu verdauen und dann auf diesen Brei im Magen noch einen Saft erhält, könnten die Säfte gären und dann wie billiger Fuselalkohol wirken.

Bestimmte Saftkomponenten wie z.B. Wildkräuter oder Weizengras können verschiedene Prozesse anregen, wie zum Beispiel die Verdauung unterstützen. Daher sollte man den Körper langsam daran gewöhnen und zunächst nur kleinere Mengen davon trinken. In seltenen Fällen kann es vorkommen, dass man mit zeitweiligen Beschwerden wie vermehrtem Harndrang oder leichtem Durchfall rechnen muss, die aber rasch wieder verschwinden sollten. Nachdem sich die Toxine im Körper gelöst haben, fühlt man sich frischer, wacher und voller Energie.

# SÄFTE
## mit Obst

# PAPAYA DREAM

## Papaya • Orange • Limette

**ZUTATEN FÜR 2 GLÄSER**

3 kleine Papayas
2 Orangen
1/2 Limette

Die Papayas schälen, entkernen und in grobe Stücke schneiden. Die Orangen und die Limette ebenfalls schälen. Die Limette halbieren und die Orangen vierteln. Alle Zutaten in den Entsafter geben.

**Ach so!**

*Der hohe Gehalt des Enzyms Papain reguliert Verdauungsbeschwerden.*

### ♥ Nutzen ♥

ideal fürs Abnehmen und Fasten
Stärkung des Immunsystems
Vitaminbombe
verdauungsfördernd

### Tipp

Ernährungsphysiologisch sind unreife, grüne Papayas wertvoller, da der Gehalt des Verdauungsenzyms Papain höher ist.

# MELONE
## mit Beeren

ZUTATEN FÜR 2 GLÄSER

100 g Erdbeeren
100 g Blaubeeren
100 g Himbeeren
1/4 Wassermelone

Die Beeren waschen. Das Fruchtfleisch aus der Melone lösen und die Melone in grobe Stücke schneiden. Alle Zutaten in den Entsafter geben.

**Nutzen**

- Erfrischung
- Stärkung des Immunsystems
- Anti-Aging
- Beauty-Elixier

♥ **Nutzen** ♥

ideal fürs Abnehmen und Fasten
Stärkung des Immunsystems
Vitaminbombe
Stärkung des Bindegewebes

# ANTI-AGING-HIT

Grapefruit • Orangen • Minze

ZUTATEN FÜR 2 GLÄSER

1 Grapefruit
2 Orangen
1 Apfel
1 Stängel Minze

Die Grapefruit und die Orangen schälen und vierteln. Den Apfel und die Minze waschen, den Apfel ebenfalls vierteln. Alle Zutaten in den Entsafter geben.

# PFLAUME-BIRNE

## mit Aprikose

ZUTATEN FÜR 2 GLÄSER

250 g Pflaumen
2 Birnen ➲
3 Aprikosen ➲
1/2 Limette

Die Pflaumen, Birnen und Aprikosen waschen. Pflaumen und Aprikosen halbieren und entkernen. Die Birnen vierteln und bei Bedarf das Kerngehäuse entfernen. Die Limette schälen. Alle Zutaten in den Entsafter geben.

➲ Die Birnen können durch Äpfel ersetzt werden, die 3 Aprikosen durch eine große Nektarine.

**♥Nutzen♥**

verdauungsfördernd
abführende Wirkung

**Tipp**

Da Pflaumensaft abführend wirkt, sollte er nicht in größeren Mengen getrunken werden.

# ERDBEERE küsst Orange

ZUTATEN FÜR 2 GLÄSER

250 g Erdbeeren
3 Orangen ⇄

Die Erdbeeren waschen. Die Orangen schälen und vierteln. Alle Zutaten in den Entsafter geben.

⇄ Anstatt 3 Orangen kann man auch nur 2 Orangen sowie zusätzlich 2 Aprikosen pressen. Das macht den Saft etwas sämiger.

♥ Nutzen ♥

Stärkung des Immunsystems
Vitaminbombe
Anti-Aging
Beauty-Elixier

♥ Nutzen ♥

Energiekick
Erfrischung
ideal fürs Abnehmen und Fasten
Stärkung des Immunsystems
Vitaminbombe

# GRÜNER APFEL
## mit Birne und Kiwi

ZUTATEN FÜR 2 GLÄSER

3 grüne Äpfel
1 Birne
2 Kiwis

Die Äpfel und die Birne waschen, vierteln und bei Bedarf das Kerngehäuse entfernen. Die Kiwis schälen und halbieren. Alle Zutaten in den Entsafter geben.

Mit dem Saft einer halben Limette schmeckt der Saft noch aromatischer und weniger süß.

# GRAPEFRUIT
## mit Melone und Erdbeeren

ZUTATEN FÜR 2 GLÄSER

1 Grapefruit ⮂
1/8 Wassermelone
150 g Erdbeeren
1 Nektarine
1 Stängel Minze
1 Maracuja ⮂

Die Grapefruit schälen und vierteln. Das Fruchtfleisch aus der Melone lösen und in grobe Stücke schneiden. Die Erdbeeren, Nektarine und Minze waschen. Die Nektarine entkernen und vierteln. Die Maracuja halbieren und das Fruchtfleisch herauslöffeln. Alle Zutaten in den Entsafter geben.

⮂ Die Grapefruit kann durch eine Orange oder Blutorange ersetzt werden. Wer Maracujas nicht mag, verwendet stattdessen eine weitere halbe Nektarine.

**♥Nutzen♥**

Energiekick
Erfrischung
Stärkung des Immunsystems
Vitaminbombe
Anti-Aging

# SPORTLERDRINK

Melone • Kokoswasser • Minze

ZUTATEN FÜR 2 GLÄSER

1/8 Wassermelone ⇄
1 Glas Kokoswasser oder Saft einer frischen Kokosnuss ⇄
1 Stängel Minze
1/2 Limette

Das Fruchtfleisch aus der Melone lösen und zerkleinern. Die Kokosnuss öffnen und den Saft abfüllen. Die Minze waschen, die Limette schälen. Alle Zutaten in den Entsafter geben.

⇄ Mit Erdbeeren schmeckt dieser Saft noch fruchtiger. Dazu einfach etwas weniger Melone und Kokoswasser verwenden und 150 g gewaschene Erdbeeren mitpressen.

♥ Nutzen ♥

Energiekick
Beauty-Elixier
guter Durstlöscher

*Füllt ein Defizit an Mineralstoffen schnell wieder auf.*

♥ Nutzen ♥

verdauungsfördernd
Erfrischung

*Reich an Mineralstoffen und Spurenelementen.*

# KIRSCHE
## mit Pfirsich

ZUTATEN FÜR 2 GLÄSER

400 g Kirschen
4 Pfirsiche ➲

Die Kirschen und Pfirsiche waschen und entkernen. Die Pfirsiche in Viertel schneiden. Alle Zutaten in den Entsafter geben.

➲ Anstelle der Pfirsiche kann man auch Nektarinen oder die sehr aromatischen Bergpfirsiche verwenden. Da Bergpfirsiche kleiner sind, benötigt man die doppelte Menge.

# EXOTISCH
## und frisch

**ZUTATEN FÜR 2 GLÄSER**

- 1/2 Ananas
- 1 Mango
- 1 Pfirsich
- 2 cm Ingwer
- 1 Stängel Minze
- 1 Orange

Die Schale der Ananas und den Strunk entfernen. Das Fruchtfleisch in grobe Stücke schneiden. Die Mango ebenfalls schälen, entkernen und in Viertel schneiden. Den Pfirsich, Ingwer und die Minze waschen. Den Pfirsich entkernen und vierteln. Die Orange schälen und in Viertel schneiden. Alle Zutaten in den Entsafter geben.

**Ach so!**

*Reich an Vitaminen und Antioxidantien, die die Zellen vor freien Radikalen schützen.*

### Nutzen

Energiekick
ideal fürs Abnehmen und Fasten
Stärkung des Immunsystems
verdauungsfördernd
regt den Stoffwechsel an

### Tipp

Ingwer kann mit Schale verarbeitet werden, sollte aber vorher gewaschen werden.

# ELIXIER
## für schöne Haut

**ZUTATEN FÜR 2 GLÄSER**

150 g Himbeeren
150 g Trauben
1/2 Granatapfel
1/8 Wassermelone
1 Orange

Die Himbeeren und Trauben waschen. Die Kerne des Granatapfels herauslösen. Das Fruchtfleisch aus der Melone lösen und in grobe Stücke schneiden. Die Orange schälen und vierteln. Alle Zutaten in den Entsafter geben.

### Nutzen

Stärkung des Immunsystems
Vitaminbombe
Anti-Aging
Beauty-Elixier

### Tipp

Der Trester des gepressten Saftes lässt sich gut weiterverarbeiten und eignet sich zum Beispiel als Gesichtsmaske, Basis für Soßen, zum Andicken von Smoothies und Suppen oder als Zusatz für Kuchen.

# SUNSET-DRINK

## Ananas • Mango • Banane

**ZUTATEN FÜR 2 GLÄSER**

1/3 Ananas
1 Mango
1 Banane
1/2 Honigmelone
1/4 Zitrone
200 g Erdbeeren

Ananas, Mango, Banane, Honigmelone und Zitrone schälen. Mango und Honigmelone entkernen. Ananas, Melone und Mango in grobe Stücke schneiden. Die Erdbeeren waschen. Zunächst die Ananas mit der Mango, der Banane und der Zitrone entsaften und den Saft beiseite stellen. Danach die Erdbeeren und die Honigmelone entsaften. Den gelben Saft in Gläser füllen und dann vorsichtig über einem Löffel den Erdbeer-Melonen-Saft eingießen, um einen schönen Farbverlauf zu erhalten.

### ♥ Nutzen ♥

Energiekick
Stärkung des Immunsystems
verdauungsfördernd

♥ Nutzen ♥

Erfrischung
ideal fürs Abnehmen und Fasten
verdauungsfördernd

# MELONE
## mit Pfirsich und Johannisbeere

ZUTATEN FÜR 2 GLÄSER

1/8 Wassermelone
2 Pfirsiche
200 g Johannisbeeren ➜
1 Stängel Zitronenmelisse

Das Fruchtfleisch aus der Melone lösen und in grobe Stücke schneiden. Die Pfirsiche, Johannisbeeren und Zitronenmelisse waschen. Die Pfirsiche entkernen und vierteln. Alle Zutaten in den Entsafter geben.

➜ Anstelle von Johannisbeeren können alle Arten von Beeren verwendet werden.

# VITAMINPOWER
## zum Trinken

ZUTATEN FÜR 2 GLÄSER

1 Apfel
150 g Himbeeren
250 g Trauben
1 Orange
1/2 Granatapfel

Den Apfel, die Himbeeren und Trauben waschen. Den Apfel vierteln und nach Belieben das Kerngehäuse entfernen. Die Orange schälen und ebenfalls vierteln. Die Kerne aus dem Granatapfel lösen. Alle Zutaten nacheinander in den Entsafter geben.

### ♥Nutzen♥

Energiekick
Stärkung des Immunsystems
Anti-Aging
Beauty-Elixier – für einen schönen Teint

### Tipp

Brechen Sie den Granatapfel in einer Schüssel mit Wasser auf und entkernen Sie die Frucht unter Wasser. Das vermeidet Spritzer.

# EXOTIC
## Summer Cooler

ZUTATEN FÜR 2 GLÄSER

3/4 Ananas
1 Mango
1/2 Limette
1 Pfirsich
1 Stängel Minze

Von der Ananas, der Mango und der Limette die Schale entfernen. Das Mangofruchtfleisch vom Kern schneiden, Limette halbieren und Ananas ebenfalls grob zerteilen. Den Pfirsich und die Minze waschen. Den Pfirsich entkernen, vierteln und alle Zutaten in den Entsafter geben.

♥Nutzen♥

Energiekick
Stärkung des Immunsystems
Vitaminbombe
verdauungsfördernd
ideal fürs Abnehmen

♥ Nutzen ♥

Energiekick
ideal fürs Abnehmen und Fasten
Stärkung des Immunsystems

# ANANAS-TRAUBE

## mit Apfel

**ZUTATEN FÜR 2 GLÄSER**

1/2 Ananas
250 g Trauben
1 Apfel
1/2 Zitrone

Die Ananas schälen und das Fruchtfleisch in grobe Stücke schneiden. Die Trauben und den Apfel waschen. Den Apfel bei Bedarf entkernen und vierteln. Die Zitrone schälen. Alle Zutaten in den Entsafter geben.

# APFEL-ORANGE

## exotisch

ZUTATEN FÜR 2 GLÄSER

3 Äpfel
2 Orangen
1 Maracuja

Die Äpfel waschen, vierteln und nach Belieben das Kerngehäuse entfernen. Die Orangen schälen und ebenfalls vierteln. Alles in den Entsafter geben. Die Maracuja aufschneiden, mit dem Löffel das Maracuja-Mark auslöffeln und ebenfalls in den Entsafter geben.

### Nutzen

Stärkung des Immunsystems
Vitaminbombe
ideal fürs Abnehmen und Fasten

### Tipp

Die Maracuja sollte von außen schon leicht verschrumpelt aussehen. Dann ist der Reifegrad der Frucht ideal.

# SÄFTE

mit Obst & Gemüse

# THINK PINK

## Apfel • Möhre • Rote Bete

**ZUTATEN FÜR 2 GLÄSER**

3 Äpfel ➲
5 Möhren
1/2 Rote Bete

Die Äpfel und die Möhren waschen. Bei Bedarf das Kerngehäuse der Äpfel entfernen und die Äpfel vierteln. Die Möhren in grobe Stücke schneiden. Von der Roten Bete die Schale entfernen. (Achtung! Küchenhandschuhe dabei tragen!) Alle Zutaten in den Entsafter geben.

➲ Der Saft schmeckt auch toll mit Orange. Dafür 1 Apfel durch 1 Orange ersetzen.

### ❤ Nutzen ❤

Energiekick
Vitaminbombe
Stärkung des Immunsystems

### Tipp

Zu diesem Saft sollte man etwas Fett – zum Beispiel 1 TL Kokosöl oder Olivenöl – mischen, weil dadurch die fettlöslichen Vitamine wie das Beta-Carotin der Möhren besser aufgenommen werden.

# BLOODY MARY
## light

ZUTATEN FÜR 2 GLÄSER

10 mittelgroße Tomaten
2 Stangen Staudensellerie
5–6 Blätter Basilikum ⊜
1/2 Zitrone
je eine Prise frisch gemahlener Pfeffer und Himalaya-Salz

Die Tomaten, den Sellerie und das Basilikum waschen. Die Tomaten vierteln und den Staudensellerie in Stücke schneiden. Von der Zitrone die Schale entfernen. Alle Zutaten in den Entsafter geben. Mit Pfeffer und Himalaya-Salz würzen.

⊜ Als Alternative zu Basilikum kann man Petersilie oder Thymian verwenden.

♥ **Nutzen** ♥

gegen den Kater
Muntermacher

**♥ Nutzen ♥**

Stärkung des Immunsystems
Beauty-Elixier
Anti-Aging

# VITAMIN-ELIXIER

## Granatapfel • Orange • Apfel

ZUTATEN FÜR 2 GLÄSER

1 Granatapfel
1 Orange
1 Apfel
3 Möhren
2 cm Kurkuma (alternativ: 1 Tl als Pulver)

Die Kerne aus dem Granatapfel lösen. Die Orange schälen und vierteln. Den Apfel, die Möhren und das Kurkuma waschen. Bei Bedarf das Kerngehäuse des Apfels entfernen und das Fruchtfleisch vierteln. Die Möhren in grobe Stücke schneiden. Alle Zutaten in den Entsafter geben.

# TOMATE
## mit Pepp

ZUTATEN FÜR 2 GLÄSER

12 mittelgroße Tomaten
1 Paprika
2 Stängel Petersilie
1/2 Zitrone
eine Prise Cayenne-Pfeffer

Die Tomaten, die Paprika und die Petersilie waschen. Die Tomaten vierteln. Von der Paprika die Kerne entfernen und das Fruchtfleisch in grobe Streifen schneiden. Die Zitrone schälen. Alle Zutaten in den Entsafter geben.

### ♥Nutzen♥

gegen den Kater
Energiekick
Stärkung des Immunsystems

### Tipp

Mit roter Paprika schmeckt der Saft eher süß, mit grüner Paprika eher würzig.

# ALLES GUTE
## für den Körper

ZUTATEN FÜR 2 GLÄSER

1/4 Weißkohl
2 Äpfel
2 Möhren
1/4 Fenchel
2 cm Ingwer
1 Stängel Petersilie

Vom Weißkohl die äußeren Blätter ablösen, waschen und in grobe Streifen schneiden. Äpfel, Möhren, Fenchel, Ingwer und Petersilie waschen. Bei Bedarf das Kerngehäuse der Äpfel entfernen und die Äpfel vierteln. Die Möhren und den Fenchel in grobe Stücke schneiden. Alle Zutaten in den Entsafter geben.

**Nutzen**

verdauungsfördernd
ideal fürs Abnehmen und Fasten
Anti-Aging

**Tipp**

Das Grün der Möhren und des Fenchels kann ebenfalls mit entsaftet werden.

# OBSTMIX
## mit Gurke und Kräutern

**ZUTATEN FÜR 2 GLÄSER**

2 Äpfel
2 Pfirsiche
1/2 Gurke
1 Stängel Petersilie
1 Stängel Minze
1/2 Zitrone

Äpfel, Pfirsiche, Gurke, Petersilie und Minze waschen. Bei Bedarf das Kerngehäuse der Äpfel entfernen und die Äpfel vierteln. Die Pfirsiche entkernen und vierteln. Die Zitrone schälen. Alle Zutaten in den Entsafter geben.

### ♥Nutzen♥

Energiekick
verdauungsfördernd
ideal fürs Abnehmen und Fasten

### Tipp

Kräuter lassen sich bei allen Säften – je nach Belieben – variieren. Zitronenmelisse kann man statt Minze, Basilikum statt Petersilie verwenden. Auch Wildkräuter wie Brennnessel, Löwenzahn oder Giersch sind eine tolle Ergänzung.

# FIT
## für den Winter

ZUTATEN FÜR 2 GLÄSER

2 Äpfel
4 Möhren
1 cm Ingwer
2 cm Kurkuma
2 Orangen
1/2 Zitrone

Die Äpfel, Möhren, Ingwer und Kurkuma waschen. Bei Bedarf das Kerngehäuse der Äpfel entfernen und die Äpfel vierteln. Die Möhren in grobe Stücke schneiden. Von den Orangen und der Zitrone die Schale entfernen. Die Orangen vierteln. Alle Zutaten in den Entsafter geben.

**♥ Nutzen ♥**

Energiekick
Vitaminbombe
Stärkung des Immunsystems

**Nutzen**

verdauungsfördernd
Stärkung des Immunsystems

# INNERE BALANCE

**Apfel • Lavendel • Rucola**

**ZUTATEN FÜR 2 GLÄSER**

2 Äpfel
1 Stängel Lavendel
1/2 Bund Rucola ➡
1 Glas Kokoswasser

Die Äpfel, den Lavendel und den Rucola waschen. Bei Bedarf das Kerngehäuse der Äpfel entfernen und die Äpfel vierteln. Alle Zutaten zusammen mit dem Kokoswasser in den Entsafter geben.

➡ Anstatt Rucola kann man auch Spinat, Mangold oder Grünkohl verwenden.

# SOMMER
## trifft Herbst

ZUTATEN FÜR 2 GLÄSER

150 g Erdbeeren
6 Pflaumen
3 Möhren
2 Äpfel
1 Orange

Die Erdbeeren, Pflaumen, Möhren und Äpfel waschen. Die Pflaumen entkernen und die Möhren in grobe Stücke schneiden. Bei Bedarf das Kerngehäuse der Äpfel entfernen und die Äpfel vierteln. Von der Orange die Schale entfernen und das Fruchtfleisch vierteln. Nacheinander alle Zutaten in den Entsafter geben.

Anstelle von Erdbeeren kann man auch Himbeeren verwenden.

**Nutzen**

Energiekick
Stärkung des Immunsystems
Anti Aging
Beauty-Elixier

**Tipp**

Je frischer die verwendeten Zutaten sind, desto mehr Nährstoffe sind darin enthalten. Am besten sind regional erzeugte Waren und Obst und Gemüse, das gerade Saison hat.

# ANANAS-APFEL

## mit Rote Bete und Beeren

**ZUTATEN FÜR 2 GLÄSER**

1/2 Ananas
1 Apfel
1/4 Rote Bete
100 g Himbeeren
100 g Blaubeeren ➡

Die Ananas schälen und das Fruchtfleisch in grobe Stücke schneiden. Den Apfel waschen, bei Bedarf das Kerngehäuse entfernen und den Apfel vierteln. Von der Roten Bete die Schale entfernen. (Achtung! Küchenhandschuhe dabei tragen!) Die Beeren waschen. Alle Zutaten in den Entsafter geben.

➡ Die Blaubeeren können durch Brombeeren ersetzt werden.

### ♥ Nutzen ♥

Vitaminbombe
Stärkung des Immunsystems
Anti-Aging

### Tipp

Himbeerblätter kann man mit entsaften, da sie viel Vitamin C enthalten.

# MÖHRE
## exotisch

ZUTATEN FÜR 2 GLÄSER

1/2 Ananas
2 Mandarinen
5 Möhren
1 Maracuja

Von der Ananas und den Mandarinen die Schale entfernen. Die Ananas in grobe Stücke schneiden und die Mandarinen vierteln. Die Möhren waschen und in grobe Stücke schneiden. Die Maracuja halbieren und das Fruchtfleisch auslöffeln. Alle Zutaten in den Entsafter geben.

**Ach so!**

*Reich an Vitamin C, Beta-Carotin sowie Mineralstoffen.*

### Nutzen

Energiekick
Vitaminbombe
Stärkung des Immunsystems
verdauungsfördernd
ideal fürs Abnehmen und Fasten

### Tipp

Ananas hat ziemlich harte Fasern. Daher sollte man diese Frucht immer am Schluss entsaften, damit der Entsafter nicht verstopft.

# MINERALIEN
## in Hülle und Fülle

ZUTATEN FÜR 2 GLÄSER

2 Stangen Staudensellerie
3 Möhren
3 mittelgroßeTomaten
1/3 Gurke
1 Stängel Basilikum
1/2 Rote Bete

Staudensellerie, Möhren, Tomaten, Gurke und Basilikum waschen. Den Staudensellerie, die Möhren und die Gurke in grobe Stücke schneiden und die Tomaten vierteln. Von der Roten Bete die Schale entfernen. (Achtung! Küchenhandschuhe dabei tragen!) Alle Zutaten in den Entsafter geben.

### ♥Nutzen♥

Energiekick
Stärkung des Immunsystems
gegen den Kater
für Diabetiker geeignet

### Tipp

Dieser Saft ist ideal für Menschen, die nicht gerne Gemüse essen, denn damit wird ein Großteil des Tagesbedarfs an Vitaminen und Mineralstoffen abgedeckt.

# ANANAS-MÖHRE

## mit Rote Bete und Ingwer

ZUTATEN FÜR 2 GLÄSER

1/2 Ananas
1/2 Rote Bete
1/4 Limette
6 Möhren
2 cm Ingwer

Von der Ananas, der Roten Bete und der Limette die Schale entfernen. (Achtung! Bei der Verarbeitung von Rote Bete Küchenhandschuhe tragen!) Die Ananas in grobe Stücke schneiden. Die Möhren waschen und in grobe Stücke schneiden. Den Ingwer waschen. Alle Zutaten in den Entsafter geben.

♥ Nutzen ♥

Energiekick
Muntermacher
wärmender Saft
verdauungsfördernd

♥Nutzen♥

Stärkung des Immunsystems
Vitaminbombe
Energiekick
Anti-Aging

# APFEL-ORANGE
## mit Möhre

ZUTATEN FÜR 2 GLÄSER

2 Äpfel
4 Möhren
2 Orangen

Die Äpfel und Möhren waschen. Von den Äpfeln bei Bedarf das Kerngehäuse entfernen und die Äpfel vierteln. Möhren in grobe Stücke schneiden. Von der Orange die Schale entfernen und das Fruchtfleisch vierteln. Alle Zutaten in den Entsafter geben.

Je nach Belieben kann man Ingwer oder Kurkuma dazu geben.

# SPICY APPLE

## Granatapfel • Apfel • Ingwer

ZUTATEN FÜR 2 GLÄSER

1 Granatapfel
2 Äpfel
1 cm Kurkuma
1 cm Ingwer
1 Orange

Die Kerne aus dem Granatapfel lösen. Äpfel, Kurkuma und Ingwer waschen. Das Kerngehäuse der Äpfel entfernen und das Fruchtfleisch vierteln. Die Orange schälen und vierteln. Alle Zutaten in den Entsafter geben.

### Nutzen

Energiekick
Stärkung des Immunsystems
ideal fürs Abnehmen und Fasten
Anti-Aging
wärmender Saft

### Tipp

Bestreuen Sie die Orangenwürfel vor dem Entsaften mit Zimt – so erhalten Sie ein feines, würziges Aroma.

# GEMÜSE
## Allerlei

**ZUTATEN FÜR 2 GLÄSER**

4 Möhren
2 Stangen Sellerie
1/2 Gurke
100 g Spinat
1 Stängel Basilikum
1/2 Rote Bete

Die Möhren, den Sellerie, die Gurke, den Spinat und das Basilikum waschen. Die Möhren, den Sellerie und die Gurke in Stücke schneiden. Von der Roten Bete die Schale entfernen. (Achtung! Küchenhandschuhe dabei tragen!) Alle Zutaten in den Entsafter geben.

### ♥Nutzen♥

Energiekick
Vitaminbombe
Stärkung des Immunsystems
ideal fürs Abnehmen und Fasten

### Tipp

Gemäß der 5-am-Tag-Regel kann 1 Glas dieses Saftes eine Portion Gemüse am Tag ersetzen

# Grüne
# SÄFTE

# MUNTERMACHER

## Ananas • Apfel • Brunnenkresse

**ZUTATEN FÜR 2 GLÄSER**

- 1/2 Ananas
- 2 Äpfel
- 50 g Brunnenkresse
- 50 g Sprossen
- 1 Stängel Petersilie
- 2 Blätter Grünkohl
- 100 g Weizengras

Die Ananas schälen und in grobe Stücke schneiden. Äpfel, Brunnenkresse, Sprossen, Petersilie, Grünkohl und Weizengras waschen. Bei Bedarf das Kerngehäuse der Äpfel entfernen und die Äpfel vierteln. Den Grünkohl in Streifen schneiden, das Weizengras in 4 cm lange Stücke schneiden. Alle Zutaten in den Entsafter geben.

### Nutzen

Energiekick
ideal fürs Abnehmen und Fasten
Vitaminbombe
Stärkung des Immunsystems
verdauungsfördernd

### Tipp

Idealerweise gibt man das Blattgrün mit der Ananas und den Äpfeln im Wechsel in den Entsafter, denn die eher trockenen Gräser werden besser in Kombination mit feuchteren Obst- und Gemüsesorten entsaftet.

# KICKSTARTER

## Spinat • Gurke • Staudensellerie

**ZUTATEN FÜR 2 GLÄSER**

100 g Spinat
1/4 Gurke
2 Stangen Staudensellerie
2 cm Ingwer
1 Stängel Petersilie
1/2 Ananas
1/2 Limette

Spinat, Gurke, Staudensellerie, Ingwer und Petersilie waschen. Gurke und Staudensellerie in Stücke schneiden. Von der Ananas und der Limette die Schale entfernen. Die Ananas in grobe Stücke schneiden. Alle Zutaten in den Entsafter geben.

### ♥ Nutzen ♥

Energiekick
Vitaminbombe
Stärkung des Immunsystems
ideal fürs Abnehmen und Fasten
verdauungsfördernd

### Tipp

Wer seine Säfte noch nahrhafter oder etwas dickflüssiger trinken möchte, kann nach dem Pressen 1–2 Tl Chia- oder Hanfsamen in den Saft rühren.

# PURES GRÜN

**Gurke • Sellerie • Mangold**

ZUTATEN FÜR 2 GLÄSER

1/2 Ananas ⇄
1/4 Gurke
2 Stangen Staudensellerie
2 Blatt Mangold
5 Blätter Basilikum

Von der Ananas die Schale entfernen. Die Gurke, Staudensellerie, Mangold und Basilikum waschen. Gurke, Ananas und Staudensellerie in Stücke, Mangold in Streifen schneiden. Alle Zutaten in den Entsafter geben.

⇄ Die Ananas kann durch 2 Orangen ersetzt werden.

**♥ Nutzen ♥**

nach dem Sport zum Elektrolyt-Ausgleich
verdauungsfördernd
ideal fürs Abnehmen und Fasten

♥ Nutzen ♥

nach dem Sport zum Elektrolyt-Ausgleich

Energiekick

# 50 SHADES
## of Green

ZUTATEN FÜR 2 GLÄSER

- 2 Stangen Staudensellerie
- 1/2 Gurke
- 1/2 Fenchelknolle
- 2 Blätter Grünkohl
- 1 Stängel Petersilie
- 1 Limette

Staudensellerie, Gurke, Fenchel, Grünkohl und Petersilie waschen. Staudensellerie, Gurke und Fenchel in Stücke schneiden. Limette schälen und halbieren. Alle Zutaten in den Entsafter geben.

# APFEL-SELLERIE

## mit Ingwer

**ZUTATEN FÜR 2 GLÄSER**

2 Äpfel
1/2 Gurke
2 Stangen Staudensellerie
6–8 Blätter Löwenzahn
2 cm Ingwer
1/2 Zitrone

Äpfel, Gurke, Staudensellerie, Löwenzahn und Ingwer waschen. Bei Bedarf das Kerngehäuse der Äpfel entfernen und die Äpfel vierteln. Die Gurke und den Staudensellerie in Stücke schneiden. Von der Zitrone die Schale entfernen. Alle Zutaten in den Entsafter geben.

### ♥Nutzen♥

nach dem Sport zum Elektrolyt Ausgleich
Muntermacher
Energiekick
ideal fürs Abnehmen und Fasten

### Tipp

Löwenzahn schmeckt würzig-herb bis bitter. Falls Sie keinen unbehandelten Löwenzahn bekommen, ersetzen Sie ihn durch Rucola.

# GREEN
## with Love

ZUTATEN FÜR 2 GLÄSER

2 Äpfel
2 Blätter Grünkohl
50 g Spinat
2 cm Kurkuma
1/2 Limette
1 Glas Kokoswasser

Äpfel, Grünkohl, Spinat und Kurkuma waschen. Bei Bedarf das Kerngehäuse der Äpfel entfernen und die Äpfel vierteln. Den Grünkohl in Streifen schneiden. Von der Limette die Schale entfernen. Alle Zutaten mit dem Kokoswasser in den Entsafter geben.

### Nutzen

Energiekick
Vitaminbombe
Stärkung des Immunsystems
ideal fürs Abnehmen und Fasten

### Tipp

Wer täglich grüne Säfte trinken möchte, sollte das Blattgrün variieren. Alternativen zu Spinat und Grünkohl sind beispielsweise Rucola, Mangold oder Kresse.

# KAFFEE
## in Grün

ZUTATEN FÜR 2 GLÄSER

3 Äpfel
150 g Weizengras
1 Stängel Minze
3 Kiwis
1/2 Zitrone

Die Äpfel, das Weizengras und die Minze waschen. Bei Bedarf das Kerngehäuse der Äpfel entfernen und die Äpfel vierteln. Das Weizengras in 4 cm lange Stücke schneiden. Von den Kiwis und der Zitrone die Schale entfernen. Die Kiwis halbieren. Alle Zutaten in den Entsafter geben.

### Nutzen

Muntermacher
Energiekick
Vitaminbombe
Stärkung des Immunsystems

### Tipp

Dieser Saft ist ein idealer und gesunder Kaffee-Ersatz, da er den Stoffwechsel anregt und dadurch sprichwörtlich wach macht.

# SPICY GREEN

## Ananas • Orange • Grünkohl

**ZUTATEN FÜR 2 GLÄSER**

- 1/2 Ananas
- 1 Orange
- 1/2 Limette
- 1 Prise Zimt
- 1/4 Gurke
- 2 Blätter Grünkohl
- 1 cm Ingwer
- 2 cm Kurkuma

Von der Ananas, der Orange und der Limette die Schale entfernen. Die Ananas in Stücke schneiden, die Orange vierteln und mit Zimt bestreuen. Die Gurke, den Grünkohl, den Ingwer und das Kurkuma waschen. Die Gurke in Stücke, den Grünkohl in Streifen schneiden. Alle Zutaten in den Entsafter geben.

### ♥ Nutzen ♥

Energiekick
Stärkung des Immunsystems
verdauungsfördernd
ideal fürs Abnehmen und Fasten

### Tipp

In grüne Säfte lässt sich Algenpulver, das sehr nahrhaft ist, gut einrühren.

# BIRNE-ANANAS

## mit viel Grün

ZUTATEN FÜR 2 GLÄSER

2 Birnen
1/4 Gurke
50 g Spinat
2 Stängel Petersilie
5 Blätter Basilikum
1/3 Ananas
1/2 Zitrone

Birnen, Gurke, Spinat, Petersilie und Basilikum waschen. Bei Bedarf das Kerngehäuse von der Birne entfernen und die Birne vierteln. Gurke in Stücke schneiden. Von der Ananas und Zitrone die Schale entfernen. Die Ananas in grobe Stücke schneiden. Alle Zutaten in den Entsafter geben.

### ♥Nutzen♥

Energiekick
Stärkung des Immunsystems
ideal fürs Abnehmen und Fasten
verdauungsfördernd

### Tipp

Obwohl die Säfte frisch am besten schmecken, kann man bei Zeitmangel auf Vorrat entsaften. Gut gekühlt halten sich die Säfte 2–3 Tage. Dafür immer etwas Zitrone oder Limette als natürliches Konservierungsmittel zugeben.

Grünes

# SPORTWASSER

ZUTATEN FÜR 2 GLÄSER

1/3 Gurke
1 grüner Apfel ➋
50 g Rucola
1 Stängel Minze
1 Glas Kokoswasser

Die Gurke, den Apfel, den Rucola und die Minze waschen. Bei Bedarf das Kerngehäuse des Apfels entfernen und den Apfel vierteln. Die Gurke in grobe Stücke schneiden. Alle Zutaten in den Entsafter geben.

➋ Der Saft schmeckt auch toll mit Orange. Dafür den Apfel durch eine Orange ersetzen.

## ♥ Nutzen ♥

Energiekick
ideal fürs Abnehmen und Fasten
nach dem Sport zum Elektrolyt-Ausgleich

## Tipp

Für das Sportwasser kann jegliches grünes Blattgemüse wie Grünkohl, Spinat oder Mangold verwendet werden.

# Die fantastischen VIER

ZUTATEN FÜR 2 GLÄSER

1/3 Gurke
2 Stangen Staudensellerie
3 Äpfel
1/2 Zitrone

Die Gurke, den Staudensellerie und die Äpfel waschen. Bei Bedarf das Kerngehäuse der Äpfel entfernen und die Äpfel vierteln. Die Gurke und den Staudensellerie in Stücke schneiden. Von der Zitrone die Schale entfernen. Alle Zutaten in den Entsafter geben.

### ♥Nutzen♥

Energiekick
Muntermacher
nach dem Sport zum Elektrolyt Ausgleich
ideal fürs Abnehmen und Fasten

### Tipp

Je frischer das Obst und Gemüse ist, desto besser ist auch die Saftqualität. Unreifes oder überreifes Obst und Gemüse eignen sich nicht zum Entsaften.

# SPEZIAL-SÄFTE

mit Nüssen, Samen und Gewürzen

# SPROSSEN-SHOT

Sprossen • Gurke • Zitrone

ZUTATEN FÜR 2 KLEINE GLÄSER

150 g Sprossen
1/2 Gurke
1/4 Zitrone

Die Sprossen und die Gurke waschen. Die Gurke in Stücke schneiden. Von der Zitrone die Schale entfernen. Alle Zutaten in den Entsafter geben.

## ♥ Nutzen ♥

Energiekick
Muntermacher
nach dem Sport zum Elektrolyt Ausgleich
Stärkung des Immunsystems
ideal fürs Abnehmen und Fasten

## Tipp

Für diesen Saft kann man sämtliche Varianten von Sprossen verwenden, die man auch gut auf der Fensterbank aussäen und züchten kann. Radieschensprossen sind ziemlich scharf, Sojasprossen eher mild.

# TIEFENREINIGER

## Aloe vera • Gurke • Ingwer

ZUTATEN FÜR 2 GLÄSER

1 Blatt Aloe vera
1/3 Gurke ⇄
1 Stängel Petersilie
2 cm Ingwer
2 El Chlorella-Pulver
1 Glas Kokoswasser

Aloe vera, Gurke, Petersilie und Ingwer waschen. Aloe vera aufschneiden und das Filet herauslösen. Gurke in Stücke schneiden. Das Chlorella-Pulver in das Kokoswasser einrühren. Alle Zutaten in den Entsafter geben.

⇄ Süßer schmeckt der Saft, wenn man anstelle der halben Gurke 1–2 Orangen presst.

**♥ Nutzen ♥**

Beauty-Elixier
Stärkung des Immunsystems
ideal fürs Abnehmen und Fasten

♥ Nutzen ♥

positive Wirkung auf den weiblichen Hormonhaushalt

Anti-Aging

# FOREVER YOUNG

**Granatapfel • Lavendel • Himbeerblätter**

ZUTATEN FÜR 2 GLÄSER

2 Granatäpfel
1 Stängel Lavendel
8 Himbeerblätter
5 Blätter Frauenmantel
1 Glas Kokoswasser
2 Tl Leinsamen

Die Granatäpfel entkernen. Lavendel, Himbeerblätter und Frauenmantel waschen. Bis auf den Leinsamen alle Zutaten in den Entsafter geben. Den Leinsamen zum Schluss über den Saft streuen.

# MANDELMILCH

## mit Vanille und Datteln

ZUTATEN FÜR 2 GLÄSER

250 g Mandeln
5 entkernte Datteln
1/2 Vanilleschote

Die Mandeln und Datteln für mindestens 4 Stunden separat in Wasser einweichen. Danach das Wasser abgießen und die Mandeln spülen, bis das Wasser klar ist. Das Mark der Vanilleschote auskratzen und auf die Datteln streichen. Alle Zutaten mit 2 kleinen Gläsern Wasser in den Entsafter geben. Falls der Saft noch zu dickflüssig sein sollte, kann er mit Wasser verdünnt werden.

**Nutzen**

sehr nährend und sättigend
gute Proteinquelle für Vegetarier und Veganer

♥Nutzen♥

sehr nährend und sättigend

gute Proteinquelle für Vegetarier und Veganer

wärmender Saft

# SPICY LATTE

## Mandeln - Nüsse - Vanille

ZUTATEN FÜR 2 GLÄSER

150 g Mandeln
150 g Nüsse (Walnüsse, Paranüsse, Cashewkerne)
1/2 Vanilleschote
2 cm Kurkuma
1 Prise Zimt

Die Mandeln und Nüsse für mindestens 4 Stunden in Wasser einweichen. Danach das Wasser abgießen und die Mandeln und Nüsse spülen, bis das Wasser klar ist. Das Mark der Vanilleschote auskratzen und zu den Mandeln geben. Das Kurkuma waschen. Alle Zutaten mit 1 bis 2 kleinen Gläsern Wasser in den Entsafter geben.

# KURKUMA-TONIC

## mit Ingwer

ZUTATEN FÜR 2 GLÄSER

3 cm Kurkuma
2 cm Ingwer
1 Zitrone
1 Glas Kokoswasser ➲

Das Kurkuma und den Ingwer waschen. Die Zitrone schälen und halbieren. Alle Zutaten in den Entsafter geben.

➲ Für noch mehr Vitamin C: anstelle von Kokoswasser 1–2 Orangen pressen

### ♥ Nutzen ♥

Stärkung des Immunsystems
wärmender Saft
regt den Stoffwechsel an
verdauungsfördernd

### Tipp

Dieser Saft ist ideal, wenn Erkältungskrankheiten im Anmarsch sind.

# HEAVY METAL

## Detox

ZUTATEN FÜR 2 GLÄSER

2 Stangen Staudensellerie
1/3 Gurke
1 Stängel Petersilie
1/2 Fenchel
2 grüne Äpfel
1 Zitrone
1 El Chlorella-Pulver

Staudensellerie, Gurke, Petersilie, Fenchel und Äpfel waschen. Bei Bedarf das Kerngehäuse der Äpfel entfernen und die Äpfel vierteln. Staudensellerie, Gurke und Fenchel in Stücke schneiden. Von der Zitrone die Schale entfernen. Alle Zutaten – bis auf das Chlorella-Pulver – in den Entsafter geben. Nach dem Pressen das Chlorella-Pulver in den Saft rühren.

**♥ Nutzen ♥**

ideal fürs Abnehmen und Fasten
verdauungsfördernd

**♥ Nutzen ♥**

sehr nährend und sättigend
gute Proteinquelle für Vegetarier und Veganer

# MANGO TANGO

**Mandel • Mango • Orange**

**ZUTATEN FÜR 2 GLÄSER**

100 g Mandeln
100 g Cashewkerne
1 Mango
1 Orange
1/2 Vanilleschote
1 kleines Glas Kokoswasser

Die Mandeln und Cashewkerne für mindestens 4 Stunden in Wasser einweichen. Danach das Wasser abgießen und die Mandeln und Cashewkerne spülen, bis das Wasser klar ist. Die Mango schälen, entkernen und in Stücke schneiden. Die Orange schälen und vierteln. Aus der Vanilleschote das Mark kratzen und auf die Orange streichen. Alle Zutaten in den Entsafter geben.

# COCONUT KISS
## light

**ZUTATEN FÜR 2 GLÄSER**

200 g Mandeln
150 g Erdbeeren
1 Orange
1 Glas Kokoswasser

Die Mandeln für mindestens 4 Stunden in Wasser einweichen. Danach das Wasser abgießen und die Mandeln spülen, bis das Wasser klar ist. Die Erdbeeren waschen. Die Orange schälen und vierteln. Alle Zutaten in den Entsafter geben.

Noch exotischer schmeckt dieser Saft mit Mango statt Orange.

**Nutzen**

sehr nährend und sättigend
gute Proteinquelle für Vegetarier und Veganer

♥ Nutzen ♥

sehr nährend und sättigend

gute Proteinquelle für Vegetarier und Veganer

Tipp

Frisches Kurkuma lässt diesen Saft noch gelber leuchten. Dazu einfach 2 cm frisches Kurkuma verwenden.

# Goldene MILCH

ZUTATEN FÜR 2 GLÄSER

200 g Mandeln
1 Mango
1 Nektarine
1 kleines Glas Kokoswasser

Die Mandeln für mindestens 4 Stunden in Wasser einweichen. Danach das Wasser abgießen und die Mandeln spülen, bis das Wasser klar ist. Die Mango schälen, entkernen und in Stücke schneiden. Die Nektarine waschen, entkernen und vierteln. Alle Zutaten in den Entsafter geben.

# POWERDRINK
## mit Weizengras und Ingwer

ZUTATEN FÜR 2 GLÄSER

200 g frisches Weizengras
3 Äpfel
2 cm Ingwer

Das Weizengras, die Äpfel und den Ingwer waschen. Bei Bedarf das Kerngehäuse der Äpfel entfernen und die Äpfel vierteln. Das Weizengras in 4 cm lange Stücke schneiden. Weizengras und Ingwer abwechselnd mit den Äpfeln in den Entsafter geben.

**Nutzen**

Energiekick
Vitaminbombe
Stärkung des Immunsystems
ideal fürs Abnehmen und Fasten

♥ Nutzen ♥

Beauty-Elixier
verdauungsfördernd
ideal fürs Abnehmen und Fasten

# ALOE VERA
## mit Ananas

ZUTATEN FÜR 2 GLÄSER

2 Blätter Aloe vera
1 Zitrone
1 Ananas

Die Aloe vera waschen, aufschneiden und das Filet herauslösen. Von der Zitrone und der Ananas die Schale entfernen. Die Ananas in grobe Stücke schneiden, die Zitrone halbieren. Alle Zutaten in den Entsafter geben.

# KAKAO
## einmal anders

ZUTATEN FÜR 2 GLÄSER

200 g Mandeln
5 Datteln
3 Tl Roh-Kakaopulver
1 Prise Zimt
1 kleines Glas Kokosmilch

Die Mandeln und Datteln für mindestens 4 Stunden separat in Wasser einweichen. Danach das Wasser abgießen und die Mandeln spülen, bis das Wasser klar ist. Das Kakaopulver und den Zimt in 1 kleines Glas Wasser rühren. Alle Zutaten in den Entsafter geben.

### ♥Nutzen♥

sehr nährend und sättigend
gute Proteinquelle für Vegetarier und Veganer
wärmender Saft

### Tipp

Zunächst die Mandeln und Datteln mit der Kokosmilch in den Entsafter geben und danach das Glas Wasser einfüllen.

# NERVENNAHRUNG

Spinat • Avocado • Walnüsse

ZUTATEN FÜR 2 GLÄSER

100 g Walnüsse
100 g Babyspinat
1 Avocado
2 Tl Chiasamen
2 Tl Hanfsamen
2 kleine Gläser Kokoswasser

Die Walnüsse für mindestens 4 Stunden einweichen. Danach das Wasser abgießen. Den Babyspinat waschen. Die Avocado schälen, entkernen und vierteln. Alle Zutaten – bis auf die Chia- und Hanfsamen – in den Entsafter geben. Die Chia- und Hanfsamen über den Saft streuen oder einrühren.

**Nutzen**

Booster fürs Gehirn
nährend und sättigend
Energiekick
Anti-Aging

**Tipp**

Dieser Saft verhilft zu starken Nerven – und das nicht nur vor Prüfungen.

**Nutzen**

schleimlösend
ideal fürs Abnehmen und Fasten
Stärkung des Immunsystems

# SCHLEIMLÖSER

**Radieschen · Rettich · Sprossen**

**ZUTATEN FÜR 2 GLÄSER**

10 Radieschen
1 kleiner weißer Rettich
100 g Sprossen
2 cm Ingwer
1/2 Gurke
1/2 Rote Bete (Ringelbete)

Radieschen, Rettich, Sprossen, Ingwer und Gurke waschen. Rettich und Gurke in Stücke schneiden. Von der Ringelbete die Schale entfernen (Küchenhandschuhe dabei tragen!) und ebenfalls in Stücke schneiden. Nun alle Zutaten in den Entsafter geben.

# GUTE LAUNE

## Mandel • Dattel • Orange

**ZUTATEN FÜR 2 GLÄSER**

150 g Mandeln ⇄
6 Datteln
2 Orangen
2 Aprikosen
1 El Hanfsamen

Die Mandeln und Datteln mindestens 4 Stunden in Wasser einweichen. Die Orangen schälen und vierteln. Die Aprikosen waschen, halbieren und entkernen. Orangen und Aprikosen in den Entsafter geben. Das Wasser der eingeweichten Datteln und Mandeln abgießen und die Mandeln und Datteln ebenfalls in den Entsafter geben. 1 kleines Glas Wasser hinzugeben und warten bis alles schön vermischt ist. Den Saft in Gläser füllen und mit den Hanfsamen bestreuen.

⇄ Anstatt Mandeln können auch Cashewkerne verwendet werden. Diese ebenfalls vor dem Entsaften mindestens 4 Stunden einweichen.

**♥ Nutzen ♥**

Energiekick
Stärkung des Immunsystems
gute Proteinquelle für Vegetarier und Veganer

# REZEPTVERZEICHNIS